_____
....
_____
_____
....
_____

_____
....
_____
_____

_____
....
_____
_____
....
_____

_____
....
_____
_____
....
_____

casa

home

veado

deer

vaso

vase

machucar

hurt

bola

ball

aniversário

birthday

acorde

wake up

peixe

fish

neve

snow

papel

paper

Peru

turkey

remédio

medicine

lua

moon

rã

frog

um

one

rainha

queen

passar roupa

ironing

esquilo

squirrel

escalada

climbing

fogo

fire

anel

ring

agricultor

farmer

ballon

ballon

mãe

mother

manhã

morning

canguru

kangaroo

ganhar

win

terra

earth

banana

banana

perna

leg

bebê

baby

zero

zero

boneca

doll

Bolsa

bag

desenhando

drawing

zíper

zipper

furgão

van

sapato

shoe

caixa

box

cabelo

hair

vestir
dressing

pão
bread

presente
gift

girafa
giraffe

lavar

wash

Parque infantil

playground

travesseiro

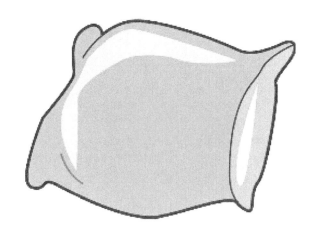

pillow

chuveiro

shower

ovelha

sheep

rei

king

zebra

zebra

abraço

hug

joaninha

ladybug

leite

milk

vulcão

volcano

matemática

math

_____
. . . .
_____
_____
_____

_____
. . . .
_____
_____
_____

_____
. . . .
_____
_____
_____

_____
. . . .
_____
_____
_____

triste

sad

equitação

riding

ônibus

bus

escola

school

corre	ouriço
run	hedgehog

ler	agua
read	water

abelha

bee

laranja

orange

trabalhando

working

Sete

seven

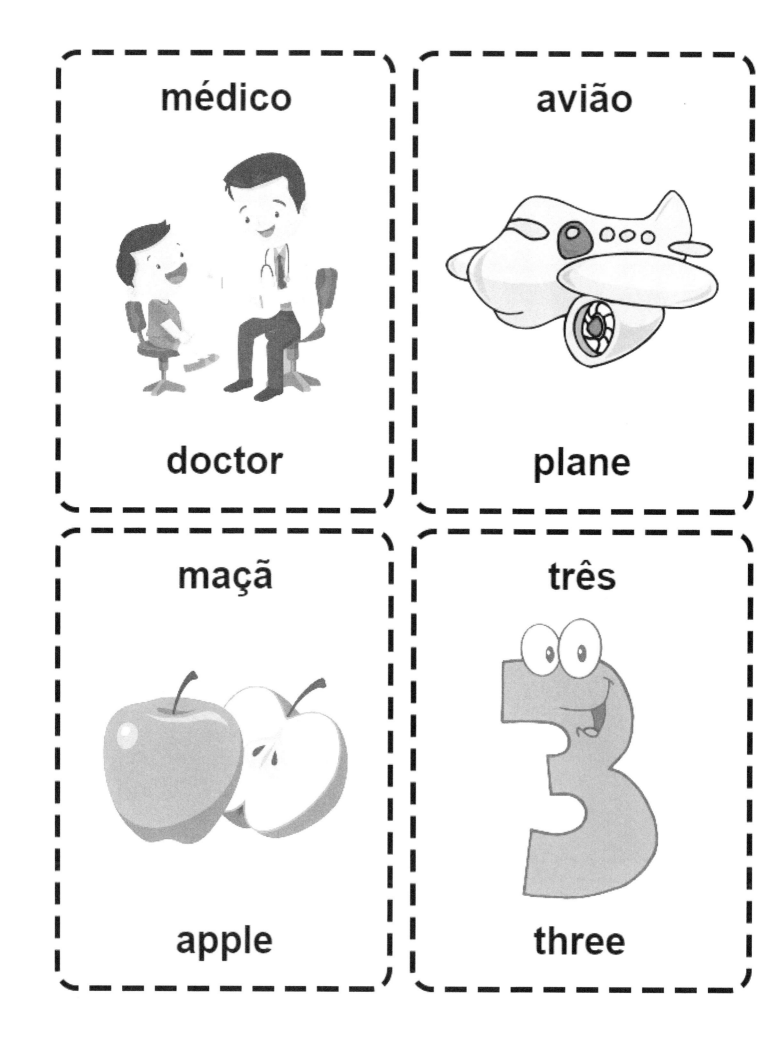

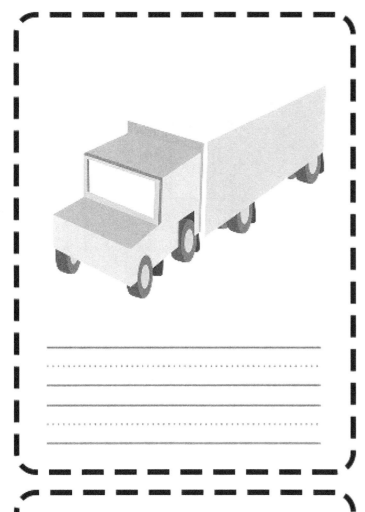

_____

_____

_____

_____

_____

_____

_____

_____

_____

_____

_____

_____

_____

_____

_____

_____

caminhão  truck	quatro four
olho eye	pera pear

crianças

children

natação

swimming

tigre

tiger

vaca

cow

Coelho

rabbit

tambor

drum

Caracol

snail

iogurte

yogurt

serpente

snake

durião

durian

morango

strawberry

polvo

octopus

marmota

groundhog

porta

door

porco

pig

cantando

singing

dez

ten

arma de fogo

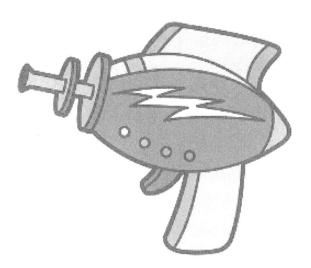

gun

compras

shopping

escrita

writing

sonolento

sleepy

doente

sick

bandeira

flag

sorvete

icecream

ovo

egg

outono

fall

bebida

drink

amiga

friend

pasta de dentes

toothpaste

trem

train

irmão

brother

Dom

sun

carro

car

gato

cat

amor

love

limão

lemon

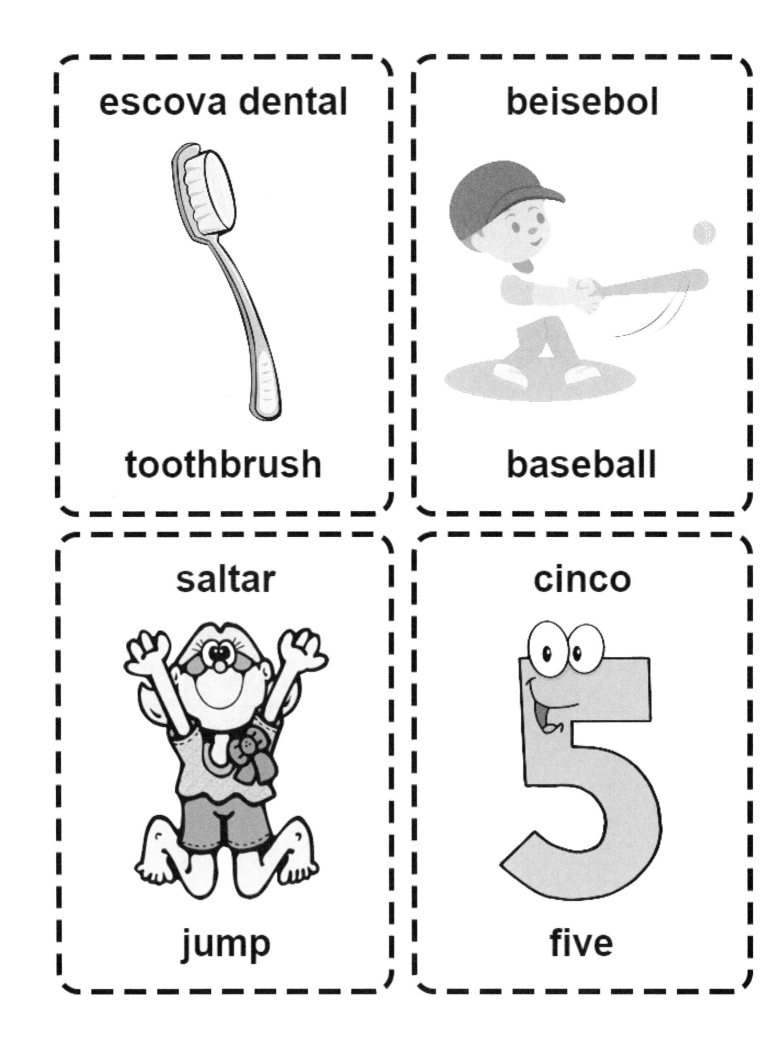

escova dental

toothbrush

beisebol

baseball

saltar

jump

cinco

five

mão

hand

jacaré

alligator

livro

book

pé

foot

_____
- - - - - - - - - - - - - - - - -
_____
- - - - - - - - - - - - - - - - -
_____

_____
- - - - - - - - - - - - - - - - -
_____
- - - - - - - - - - - - - - - - -
_____

_____
- - - - - - - - - - - - - - - - -
_____
- - - - - - - - - - - - - - - - -
_____

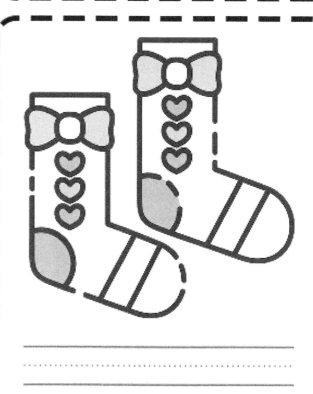

_____
- - - - - - - - - - - - - - - - -
_____
- - - - - - - - - - - - - - - - -
_____

galo

rooster

irmã
sister

Tchau
goodbye

meias
socks

bicicleta

bicycle

Melancia

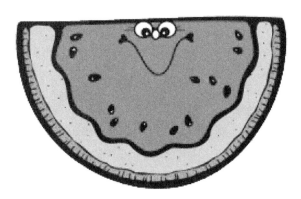

watermelon

milho

corn

RAM

ram

vento

wind

osso

bone

comer

eat

guarda-chuva

umbrella

limpar \ limpo

clean

brinquedo

toy

jarro

jug

iaque

yak

futebol

soccer

dormindo

sleeping

cama

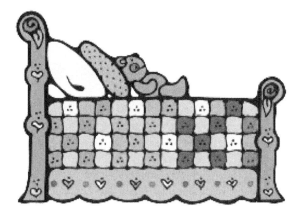

bed

cozinhando

cooking

feliz

happy

bolo

cake

presentes

presents

dever de casa

homework

barco

boat

nove

nine

banheiro

toilet

cavalo

horse

pássaro

bird

xilofone

xylophone

menina

girl

coruja

owl

abacaxi

pineapple

rir

laugh

baleia

whale

mala de viagem

suitcase

formiga

ant

Sino

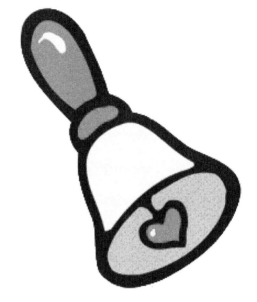

bell

casaco

coat

caminhar

walk

frango

chicken

jardim zoológico

zoo

choro

cry

Ensinar

teach

panela

pan

dinheiro

money

ninho de Pássaro

bird's nest

fio

yarn

Toque

play

Minhoca

worm

cadeira

chair

questão

question

pente

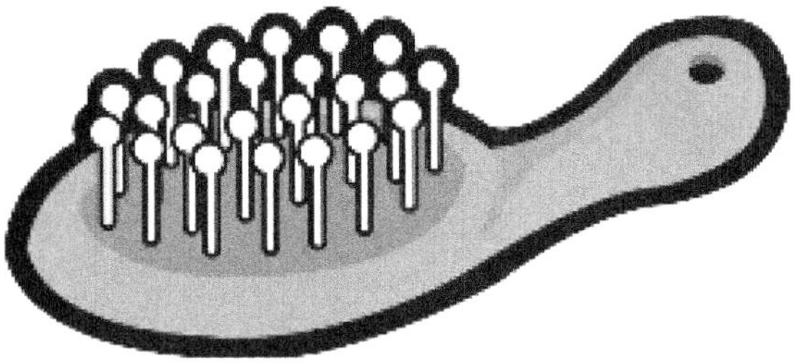

comb

dois

two

homem

man

violino

violin

··

··

··

··

··

··

··

··

··

janela

window

café da manhã

breakfast

chuva

rain

seis

six

oito

eight

flor

flower

cereja

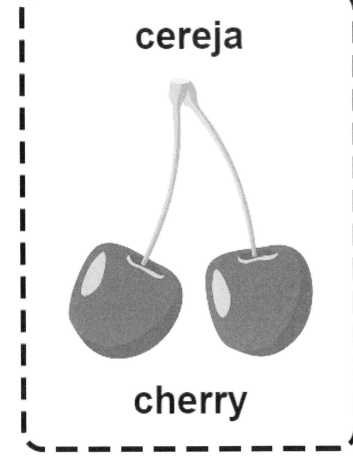

cherry

noite

night

_____
. . . .
_____
. . . .
_____

_____
. . . .
_____
. . . .
_____

_____
. . . .
_____
. . . .
_____

_____
. . . .
_____
. . . .
_____

quarto

bedroom

coco

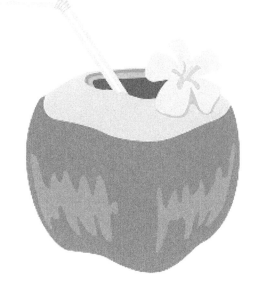

coconut

unicórnio

unicorn

geléia

jam

Printed in Great Britain
by Amazon